AF791098

Mein Bastel-
ADVENTSKALENDER

Tatiana Morlock

Mein Bastel-ADVENTSKALENDER

CV

INHALT

HALLO, ICH BIN TOMTE!

Ich bin ein kleiner Wichteljunge und komme von weit her aus dem Norden. Da gibt es ganz viel Schnee und Rentiere und wir Wichtel sind dort zu Hause. Vor zwei Jahren bin ich mit meiner Wichtelfamilie nach Deutschland gezogen. Hier habe ich festgestellt, dass viele Kinder gar keine Wichtel kennen. Deshalb möchte ich gern die Adventszeit mit dir verbringen!

Weißt du, dass wir Wichtelkinder immer tolle Ideen zum Basteln und Spielen haben? Hast du Lust mitzumachen? Ich kann es kaum erwarten, bis endlich Weihnachten ist (wir Wichtelkinder sind nämlich auch sehr ungeduldig). Gemeinsam vergeht die Zeit bis dahin bestimmt viel schneller.

Ich habe mir für jeden Tag bis Weihnachten eine kleine Überraschung für dich ausgedacht. Komm mit, wir fangen gleich an!

1

WALD-MIKADO

Im Wald gleich hinter dem Wichtelhaus hat der kleine Wichtel Tomte ganz viele Stöcke gesammelt. Daraus möchte er mit seinen Freundinnen und Freunden ein Mikado-Spiel basteln. Kennst du Mikado? Das ist ein Geschicklichkeitsspiel aus kleinen Holzstäbchen, die wild durcheinander auf dem Tisch liegen. Die Spielenden müssen versuchen, einzelne Stäbchen aufzuheben, ohne dass die anderen Hölzer sich dabei bewegen. Das Spiel heißt deshalb auch Zitterwackel. Weil Tomte lieber draußen als drinnen spielt, möchte er aus den gesammelten Stöcken ein Riesen-Mikado basteln. Das kann er dann gemeinsam mit den anderen Wichtelkindern draußen im Hof spielen.

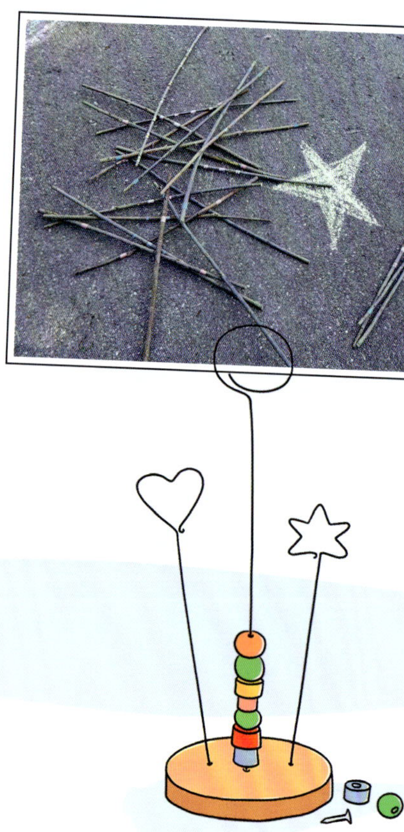

Was du brauchst

- mindestens 21 Stöcke (sie sollten möglichst glatt und gerade sein)
- Gartenschere
- buntes Klebeband, Washi Tape oder Isolierband in verschiedenen Farben

Tomte erklärt dir, wie es geht

1 Zusammen mit einem Erwachsenen kürzt du die Stöcke mit der Gartenschere möglichst alle auf die gleiche Länge. Tomtes Stöcke sind etwa 40 cm lang. Deine können aber auch länger oder kürzer sein.

2 Gestalte zehn Stäbe mit demselben Muster. Dazu umwickelst du die Stöcke am Anfang und am Ende mit einem Streifen desselben Klebebands.

3 Die nächsten fünf Stäbe gestaltest du mit einem anderen Muster. Wickle dazu in der Mitte der Stöcke drei Streifen Klebeband in kurzen Abständen um die Hölzer herum.

4 Weitere fünf Stäbe gestaltest du, indem du einen Streifen Klebeband um die Mitte und zwei weitere um beide Enden wickelst.

5 Den letzten Stab solltest du besonders auffällig gestalten, zum Beispiel mit vielen Klebebandstreifen in kurzen Abständen über den ganzen Stock verteilt.

6 Hast du mehr Stöcke gesammelt, kannst du jederzeit auch weitere Muster gestalten.

Und so spielt ihr Mikado

Nimm alle Stäbe in die Hand, stelle sie auf den Boden und lasse sie umfallen. Nun müsst ihr abwechselnd versuchen, mit der Hand einzelne Stäbe aus dem Wirrwarr zu ziehen, ohne dass ein anderer Stock dabei wackelt. Wer an der Reihe ist, darf so lange Mikadostäbe nehmen, bis er oder sie dabei etwas zum Wackeln bringt. Dann ist der oder die Nächste dran. Gespielt wird so lange, bis alle Stöcke verteilt sind. Die gesammelten Stäbe, die ihr ohne Wackeln erbeuten konntet, bringen euch unterschiedlich hohe Punkte ein:

- Der wertvollste Stab ist derjenige mit dem einzigartigen Muster. Er zählt fünf Punkte.
- Drei Streifen in der Mitte zählen drei Punkte.
- Ein Streifen in der Mitte und jeweils einer an beiden Enden zählen zwei Punkte.
- Ein Streifen an jedem Ende zählt einen Punkt. Wer konnte die meisten Punkte sammeln?

LOLLIS UND EIS FÜR DEN KAUFLADEN

Isst du auch so gern Eis wie Tomte? Am liebsten würde der kleine Wichtel jeden Tag Eis schlecken. Aber Papa hat gesagt, Eis isst man nur im Sommer. Erwachsene sind manchmal echt komisch! Fast genauso gern wie Eis schleckt Tomte Lollis. Aber weil es in der Weihnachtszeit sowieso schon so viel Süßes gibt, durfte Tomte sich vorhin am Kiosk auch keinen Lolli aussuchen. Zuerst war er ganz schön enttäuscht, aber dann hat Tomte einfach beschlossen, sich sein eigenes Eis für den Wichtel-Kaufladen zu basteln – UND seine eigenen Lollis. Da wird Papa ganz schön staunen!

EIS AM STIEL FÜR DEN KAUFLADEN

Was du brauchst

- Karton und Stift
- Schere
- buntes Moosgummi
- Klebestift
- Eisstiele oder Holzspatel
- Vorlage Eis (S. 84)

Tomte erklärt dir, wie es geht

1 Zeichne mithilfe der Vorlage auf Karton die Grundform für dein Eis vor und schneide sie aus.

2 Jetzt entscheidest du, welche Eissorte du basteln möchtest. Zeichne mit deiner Kartonschablone die Eisform auf das farblich passende Moosgummi auf und schneide sie aus. Du brauchst insgesamt vier Schichten Moosgummi je Eis. Die Farbkombination bestimmst du selbst.

3 Klebe je zwei Schichten Moosgummi ordentlich aufeinander. Das klappt am besten mit einem einfachen Klebestift.

4 Zwischen die beiden Eishälften klebst du jetzt noch den Stiel. Und fertig ist das Eis für deinen Kaufladen oder die Kinderküche.

LOLLIS FÜR DEN KAUFLADEN

Was du brauchst

- bunte Moosgummireste
- Lineal und Stift
- Schere
- Klebestift
- Zahnstocher

Tomte erklärt dir, wie es geht

1 Schneide mit der Schere einen Streifen Moosgummi von 20 cm Länge und 0,5 cm Breite ab.

2 Für den zweiten Streifen suchst du dir eine andere Farbe aus. Schneide ihn genauso breit, aber 3 cm kürzer ab.

3 Nun wird es etwas kniffelig. Streiche den längeren Streifen einseitig mit Klebestift ein und lege den kürzeren Streifen so darauf, dass auf einer Seite 1 cm und auf der anderen Seite 2 cm des längeren Streifens herausschauen.

4 Nun streichst du auch die Oberseite des kürzeren Streifens mit Klebestift ein. Beginne die zusammengeklebten Streifen an der Seite aufzuwickeln, wo nur 1 cm vom längeren Streifen übersteht.

5 Hast du den ganzen Streifen wie ein Schneckenhaus aufgewickelt, stichst du den Zahnstocher durch das Ende des längeren Streifens bis in die Mitte der Schnecke, sodass er sich nicht mehr lösen kann. Geschafft!

3

KNETSEIFE

Juhu, heute ist Badetag! Tomte planscht unheimlich gern mit seiner kleinen Wichtelschwester Finja in der Badewanne. Am liebsten nehmen sie alle ihre Spielsachen mit in die Wanne. Der arme Teddy musste neulich sehr lange auf der Heizung liegen, bis er wieder trocken war ... Nur das Waschen mit Seife mag Tomte nicht besonders gern. Soooo dreckig sind seine Füße doch gar nicht. Aber heute hat Papa eine super Idee. Sie wollen selbst Seife herstellen. Knetseife!

Was du brauchst

- Schüssel und Esslöffel
- Flüssigseife oder Duschgel (damit es nicht in den Augen brennt, am besten Kinderseife oder Kindershampoo)
- Speiseöl, Babyöl oder Handcreme
- Stärke
- Salz
- Nudelholz und Ausstechformen

Tomte erklärt dir, wie es geht

1 Mische in einer Schüssel 3 Esslöffel Seife oder Duschgel mit 3 Esslöffeln Öl oder Creme.

2 Gib 6 Esslöffel Stärke dazu. Du kannst Maisstärke oder Speisestärke benutzen.

3 Zum Schluss gibst du noch etwas Salz dazu, damit das Öl nicht ranzig wird und knetest mit den Händen alles gut durch. Die Waschknete soll die Konsistenz von normaler Knetmasse bekommen.

4 Ist sie zu feucht, gibst du mehr Stärke dazu, ist sie zu trocken ergänzt du ein bisschen Öl oder Seife.

5 Fühlt sich deine Masse nach Knete an, nimmst du sie aus der Schüssel und rollst sie mit einem Nudelholz etwa 1 cm dick aus. Mit den Plätzchenformen kannst du jetzt Figuren ausstechen.

6 Lasse die ausgestochenen Knetseifen nun einige Stunden lang trocknen, am besten über Nacht. Anschließend kannst du sie in einem geschlossenen Schraubglas aufbewahren, bis sie in der Wanne oder am Waschbecken zum Einsatz kommen.

Tipp

Möchtest du farbige Knetseifen herstellen, kannst du dafür natürlich extra Seifenfarbe kaufen. Tomte hat seine Waschknete einfach blau gefärbt, indem er anstelle von Seife blubberblaues Kinderduschbad verwendet hat. Mit Lebensmittelglitzer kannst du deine Knetseife sogar zum Funkeln bringen …

4

ADVENTSKERZEN FALTEN

Um den Tisch weihnachtlich zu schmücken, möchte der kleine Wichtel Tomte gern Kerzen aufstellen. Am besten ganz viele! Aber seine Mama hat gesagt, Tomte dürfe allein keine Kerzen anzünden, weil das zu gefährlich sei. Zum Glück hat Tomte eine clevere Idee: Er bastelt sich einfach Kerzen, die ohne Feuer brennen! Am liebsten mag Tomte rote Kerzen. Er schneidet eine Kerze aus rotem Papier aus, aber sie will einfach nicht stehen bleiben. Da erinnert sich Tomte an die Hexentreppe, die er einmal im Wichtelkindergarten gefaltet hat. Damit müsste es doch klappen! Hast du auch schon mal eine Hexentreppe gefaltet?

Was du brauchst

- 1 Stück hellgrünes Tonpapier (10 cm x 10 cm)
- 1 Stück dunkelgrünes Tonpapier (9 cm x 9 cm)
- Lineal, Schere und Klebstoff
- 2 Streifen rotes Tonpapier (30 cm lang und 2,5 cm breit)
- einen Rest gelbes Tonpapier
- Vorlagen Sterne (S. 85)
- Vorlage Flamme (S. 85)

Tomte erklärt dir, wie es geht

1 Schneide mithilfe der Vorlage aus dem hellgrünen Tonpapier einen großen Stern aus. Aus dem dunkelgrünen Tonpapier schneidest du einen etwas kleineren Stern aus. Klebe den kleinen Stern mittig auf den großen. Das ist dein Kerzenständer.

2 Für die Kerze faltest du eine Hexentreppe. Klebe die Enden der beiden roten Tonpapierstreifen so aufeinander, dass sie eine Ecke bilden. Jetzt faltest du den unteren Streifen an der Kante des oberen um, sodass er in die andere Richtung zeigt. Dasselbe wiederholst du mit dem zweiten Streifen. Auf diese Weise faltest du beide Streifen so lange übereinander, bis sie nicht mehr überstehen.

3 Streiche beide Enden deiner Hexentreppe mit Klebstoff ein und drücke sie fest auf die Mitte deines vorbereiteten Kerzenständers. Du kannst die Hexentreppe zum Ankleben ruhig plattdrücken, sie steht anschließend von allein wieder auf.

4 Schneide aus dem gelben Tonpapierrest zwei gleich große Flammen aus. Du kannst dazu die Vorlage auf S. 85 benutzen. Achte darauf, am unteren Ende der Flammen etwa 0,5 cm x 0,5 cm Papier überstehen zu lassen, um sie später in die Kerze zu stecken. Klebe die Flammen bis auf den kleinen Überstand aufeinander.

5 Ist der Klebstoff getrocknet, stichst du mit der Schere in die Oberseite deiner Kerze (also der Hexentreppe) einen kleinen Schlitz. Ein Erwachsener hilft dir sicher dabei. Durch diesen führst du den Überstand der Kerzenflamme und faltest ihn auseinander. Jetzt brennt deine Adventskerze – ganz ohne Feuer!

Tipps

Wenn du möchtest, kannst du auch vier Kerzen falten und sie auf einen runden Kranz aus grüner Pappe kleben. Sicher fallen dir noch mehr Dinge ein, mit denen du deinen selbst gebastelten Adventskranz schmücken kannst!

Natürlich kann deine Kerze auch eine andere Farbe haben. Aus breiteren Papierstreifen kannst du dickere Kerzen basteln. Tomte hat sich sogar einen eigenen Geburtstagskuchen aus Papier gebastelt: mit sechs bunten Kerzen darauf! Tomte hat nämlich schon bald Geburtstag, und darauf freut er sich mindestens so sehr wie auf Weihnachten!

5

STREICHHOLZ-KEKSE

Gestern hat Tomte Adventskerzen gebastelt, die auch ohne Feuer brennen. Solche Kinderkerzen sind eine großartige Sache findet der kleine Wichtel. Leider kann man sie nicht mit Streichhölzern anzünden. Schade, denn Tomte mag die kleinen Zündhölzchen mit den roten Köpfchen wirklich gern. Das Knistern, wenn man das Streichholz anreißt, fasziniert ihn. Und außerdem kann man aus Streichhölzern tolle Figuren legen. Ob Tomte auch Streichhölzer für Kinder basteln kann? Er bittet seine Mama um Hilfe und die Wichtelmutter hat einen guten Einfall: Sie werden Streichholz-Kekse backen!

Was du brauchst

- 80 g Butter
- 70 g Erdnusscreme
- 1 Prise Salz
- 2 Tropfen Vanillearoma (oder ein Päckchen Vanillezucker)
- 100 g Zucker
- 125 g Mehl
- 50 g Erdnüsse (frisch oder geröstet und gesalzen aus der Dose)
- 100 g rote Glasur (oder weiße Kuvertüre und rote Lebensmittelfarbe)

Tomte erklärt dir, wie es geht

1 Zuerst holst du die Butter aus dem Kühlschrank, damit sie schön weich wird – das dauert ein Weilchen.

2 Mixe Butter, Erdnusscreme und Salz in einer Schüssel mit dem Handrührgerät gut miteinander.

3 Gib nach und nach Zucker und Mehl dazu, bis ein geschmeidiger Teig entsteht (Konsistenz wie Mürbteig/Plätzchenteig).

4 Hacke die Erdnüsse mit einem Messer klein und knete sie mit den Händen unter den Teig. Beim Zerkleinern der Nüsse kann dir bestimmt ein Erwachsener helfen.

5 Rolle den Teig auf einem Brett mit einem Nudelholz etwa 1 cm dick aus und stelle ihn für eine Stunde in den Kühlschrank.

6 Schneide deinen Teig in Streifen von etwa 1 cm Breite und 7 cm Länge. Lege sie auf ein mit Backpapier ausgelegtes Backblech und backe sie 20 bis 25 Minuten (ohne Vorheizen) bei 160 Grad Umluft.

7 Lasse die fertigen Kekse auf einem Gitter auskühlen.

8 Währenddessen schmilzt du die rote Glasur im Wasserbad. Wenn du keine rote Glasur findest, kannst du weiße Kuvertüre schmelzen und rote Lebensmittelfarbe hineinrühren.

9 Tauche ein Ende jedes Kekses in die rote Glasur und lege die Kekse zum Trocknen so auf dein Gitter, dass die Streichholzköpfe darüber hinausschauen.

10 Trocknen lassen und knuspernd genießen.

Tipp

Du kannst Streichholz-Kekse auch aus normalem Plätzchenteig (Mürbteig) machen. Zum Beispiel, wenn beim Plätzchen ausstechen Reste übrig bleiben.

WICHTEL-UPCYCLING MIT EIERKARTONS

Heute Mittag gab es Omeletts bei Familie Wichtel. Auf dem Küchentisch stehen noch die leeren Eierkartons. Tomte weiß, dass man aus Müll manchmal die besten Sachen basteln kann. Schließlich sind Wichtel bekannt für ihren Einfallsreichtum! Wenn man aus einem Wegwerf-Gegenstand etwas Neues erschafft, nennt man das Upcycling. Hast du Lust auf ein kleines Upcycling-Projekt mit Tomte?

PINGUINE

Was du brauchst

- 1 Eierkarton
- Schere
- schwarze und weiße Fingerfarbe und Pinsel
- einen Rest gelben Bastelkarton
- Klebstoff
- gelben und schwarzen Filzstift
- Vorlage Pinguinfuß (S. 84)

Tomte erklärt dir, wie es geht

1 Schneide mit der Schere eine der Spitzen aus der Mitte des Eierkartons vollständig heraus. Ein Erwachsener kann dir sicher dabei helfen.

2 Bemale die Vorderseite weiß für den Pinguinbauch.

3 Wenn die weiße Farbe getrocknet ist, malst du mit schwarz das Federkleid des Pinguins um den weißen Bauch herum.

4 Schneide mithilfe der Vorlage zwei Pinguinfüße aus dem gelben Bastelkarton aus. Zum Ankleben faltest du sie einfach ein Stück nach innen um.

5 Zum Schluss malst du mit Filzstiften Augen und Schnabel auf.

WEIHNACHTSBAUM

Was du brauchst

- 1 Eierkarton
- Schere
- grüne Fingerfarbe und Pinsel
- 2 Korken und 1 Zahnstocher
- Klebstoff
- kleine bunte Pompons oder bunte Papierkügelchen
- scharfes Küchenmesser

Tomte erklärt dir, wie es geht

1 Schneide drei der Spitzen aus der Mitte eines Eierkartons vollständig heraus. Bemale alle drei mit grüner Fingerfarbe und lasse sie gut trocknen.

2 Stecke mit dem Zahnstocher die beiden Korken fest aufeinander. Schneide sie anschließend so ab, dass sie die richtige Länge für deinen Baumstamm haben. Ein Erwachsener kann dir dabei helfen.

3 Klebe die drei grünen Eierkarton-Hütchen aufeinander. Anschließend klebst du das Ganze auf dem Korkenstamm fest.

4 Ist der Baum getrocknet, kannst du ihn mit bunten Mini-Pompons bekleben. Hast du keine Pompons zur Hand, forme einfach kleine Kügelchen aus buntem Papier.

NIKOLAUS

Was du brauchst

- 1 Eierkarton
- Schere
- rote Fingerfarbe und Pinsel
- 1 kleines Stück Karton
- 1 kleines Glas (ca. 5 cm Durchmesser)
- weiße Wollreste und eine Stopfnadel
- 1 roten und 1 weißen Mini-Pompon
- Klebstoff

Tomte erklärt dir, wie es geht

1 Schneide eine Spitze aus der Mitte eines Eierkartons heraus und male sie rot an.

2 Zeichne mithilfe des Glases zwei Kreise auf den Kartonrest auf und schneide sie aus. Schneide in die Mitte beider Kreise ein Loch von etwa 1,5 cm Durchmesser. Zum Vorzeichnen kannst du eine kleine Münze benutzen. Du darfst die Ringe dazu an einer Seite einschneiden.

3 Lege beide Ringe aufeinander und umwickle sie mithilfe der Stopfnadel so lange rundherum mit weißer Wolle, bis das Loch komplett gefüllt ist.

4 Stich mit einer Spitze deiner Schere vorsichtig in den umwickelten Ring, bis sie zwischen den beiden Kartonschichten steckt. Von hier aus schneidest du die Wollschichten rund um den Ring herum vorsichtig auf.

5 Führe ein längeres Stück Schnur, zwischen beiden Kartonteilen durch, rund um das Loch. Knote es fest zusammen, sodass sich die abgeschnittenen Wollfäden zu einer Kugel zusammenziehen.

6 Die beiden Enden der Schnur fädelst du von innen durch die rote Eierkartonspitze und ziehst sie fest nach oben. Den weißen Pompon für die Nikolausmütze kannst du direkt mit auffädeln. Anschließend verknotest du die Enden zu einem Aufhänger.

7 Zuletzt klebst du die rote Pompon-Nase auf das Nikolausgesicht.

7

WEIHNACHTSGIRLANDE

Magst du Weihnachtsschmuck auch so gern wie Wichtel Tomte? Tante Milla hat hübsche Sterne für das Wohnzimmerfenster gefaltet. Aber in Tomtes Kinderzimmer sieht es noch gar nicht weihnachtlich aus. Der kleine Wichtel wünscht sich einen Weihnachtsbaum und ganz viele Sterne. Vielleicht kann er eine Girlande basteln? Eine Weihnachtsgirlande aus Tannenbäumen und Sternen?

Was du brauchst

- Bastelkarton in 3 verschiedenen Grüntönen
- 3 unterschiedlich große Gläser oder Tassen
- Schere, Klebstoff und Bleistift
- gelbes Tonpapier
- Lineal
- Tacker
- Nadel und Schnur

Tomte erklärt dir, wie es geht

1 Der kleine Wichtel beginnt mit den Tannenbäumen. Für jeden Tannenbaum braucht er drei unterschiedlich große grüne Kreise.

2 Auf den dunkelgrünen Bastelkarton zeichnest du kleine Kreise mit einem Schnapsglas vor. Auf dem mittelgrünen Karton zeichnest du mittelgroße Kreise mit einem Kinderglas und auf dem hellgrünen Karton große Kreise mit einer Tasse auf.

3 Tomte schneidet alle Kreise aus. Puh, das waren ganz schön viele!

4 Jeder Kreis wird in der Mitte gefaltet und wieder aufgefaltet. Dann wird er ein zweites Mal so gefaltet, dass die ersten Faltlinien dabei aufeinanderliegen. Auf dem Kreis ist nun ein Kreuz aus Knicklinien zu sehen.

5 Jetzt drehst du den Kreis um und faltest ihn zwischen den Faltlinien einmal so, dass beide Faltlinien jeweils aufeinanderliegen.

6 Drehe den Kreis wieder um und klappe ihn an deinen vorgefalteten Linien so zusammen, dass ein Viertelkreis entsteht.

7 Dasselbe machst du mit allen Kreisen. Anschließend steckst du jeweils drei unterschiedlich große Viertelkreise der Größe nach aufeinander und klebst sie an den eingeknickten Seiten zusammen, sodass ein Tannenbaum entsteht.

8 Jetzt sind die Sterne dran. Für jeden Stern brauchst du einen gelben Papierstreifen von 16 cm x 7 cm.

9 Falte den Papierstreifen an der kurzen Seite wie eine Ziehharmonika jeweils nach 1 cm abwechselnd nach vorn und hinten um.

10 Knicke deine Ziehharmonika einmal in der Mitte. Tackere deine Ziehharmonika auf dieser Mittellinie zusammen. Achte darauf, dass die Tackerklammer auf beiden Seiten durch alle Papierschichten sticht.

11 Jetzt schneidest du beide Enden der Ziehharmonika schräg ab.

12 Fächere eine Seite der Ziehharmonika auf und klebe beide Endflächen zusammen. Halte die Klebefläche fest, bis sie getrocknet ist. Nun machst du dasselbe auf der anderen Seite.

13 Hast du auf diese Weise alle deine Sterne und Tannenbäume gebastelt, kannst du sie vorsichtig mit der Nadel auf eine Schnur auffädeln. Mache nach jedem Stern oder Tannenbaum einen kleinen Knoten in die Schnur, damit sie später nicht zusammenrutschen.

14 Jetzt brauchst du nur noch ein schönes Plätzchen zum Aufhängen!

8

GESCHENKE-RENNEN

Was magst du am Weihnachtsfest am liebsten? Den Christbaum? Die Kerzen? Die Weihnachtslieder? Nein? Doch nicht etwa die Geschenke?! Auch Tomte freut sich furchtbar auf seine Weihnachtsgeschenke. Dabei haben sie erst vor Kurzem im Wichtelkindergarten darüber gesprochen, dass Weihnachten das Fest der Liebe und der Familie ist. Wir feiern die Geburt von Jesus – der hat zwar damals auch schon Geschenke bekommen, aber sicher keine Spielsachen und keine Schokolade ... Natürlich mag Tomte auch die anderen Dinge an Weihnachten. Vor allem, dass die ganze Familie zu Besuch kommt und sie viel Zeit haben, um gemeinsam zu feiern, zu lachen und zu spielen. Und schon hat Tomte eine Idee, um die Wartezeit auf Weihnachten zu verkürzen! Er fragt Mama, ob sie mit ihm ein Spiel basteln möchte. Natürlich ein Geschenke-Spiel!

Was du brauchst

- Lineal und Stift
- buntes Papier
- Schere und Klebstoff
- pro Mitspieler*in 1 Stift oder kurzen Stock
- pro Mitspieler*in 1,5 m Schnur
- Vorlage Würfel (S. 86)

Tomte erklärt dir, wie es geht

1 Zuerst brauchst du eine Vorlage, um ein kleines Geschenk-Päckchen zu falten. Du kannst dazu die Vorlage auf S. 86 benutzen oder dir eine eigene aufzeichnen. Klebeflächen nicht vergessen!

2 Alle Mitspielenden zeichnen ihr Geschenk nach der Würfel-Vorlage auf buntes Papier auf und schneiden es aus. Natürlich kannst du es auch bunt anmalen oder bekleben.

3 Jetzt werden die Geschenke gefaltet und zusammengeklebt. Bevor du die letzte Kante zusammenklebst, machst du einen dicken Knoten in ein Stück Schnur und legst ihn in das Geschenk-Päckchen. Achte darauf, dass die Schnur durch eine Ecke des Geschenks führt, wenn du die letzte Kante anklebst.

4 Wenn das Geschenk getrocknet ist, knotest du das andere Schnurende fest um einen Stift oder Stock.

Und so spielt ihr Geschenke-Rennen

Stellt euch nebeneinander auf oder setzt euch nebeneinander aufs Sofa. Jede*r hält seinen Stift oder Stock in beiden Händen. Alle Geschenke werden auf eine Startlinie gelegt. Auf „Los" dürft ihr beginnen, die Stifte so zu drehen, dass sich die Schnur langsam aufwickelt und die Geschenke sich auf euch zu bewegen. Welches Geschenk erreicht als Erstes seine*n Empfänger*in?

Tipp

Je dicker der Stock oder Stift, desto schneller bewegen sich die Geschenke. So können Altersunterschiede beim Spielen leicht ausgeglichen werden. Ganz kleine Kinder können die Schnur auch um eine leere Klopapierrolle wickeln.

9

NAGELBILDER

Gestern war Tomte bei seiner Tante Milla zu Besuch. Er durfte ihr in der Schreinerwerkstatt helfen, die Türen für einen neuen Schrank zuzusägen. Das hat richtig viel Spaß gemacht. Mit Schmirgelpapier hat er die Sägeränder schön glattgeschliffen. Am liebsten wäre Tomte noch länger geblieben, als Papa ihn abends abgeholt hat. Dafür durfte er sich einige Holzreste aussuchen und Tante Milla hat ihm auch ein Stück Schmirgelpapier mitgegeben. Damit möchte Tomte jetzt selbst kleine Kunstwerke „schreinern“.

Was du brauchst

- 1 Stück altes Holz
- Schmirgelpapier (bei Bedarf)
- viele Nägel
- Hammer
- bunte Wollreste
- Vorlage Stern (S. 85)

Tomte erklärt dir, wie es geht

1 Hat dein Holzstück scharfe Sägekanten, runde sie zuerst mit dem Schmirgelpapier etwas ab, damit du dich daran nicht verletzt.

2 Überlege dir, welches Motiv du auf deinem Nagelbild darstellen möchtest. Viele weihnachtliche Formen eignen sich gut dafür. Tomte entscheidet sich für einen Tannenbaum und einen Stern.

3 Für den Stern schneidest du am besten zuerst eine Vorlage aus Papier aus. Lege den Papierstern auf dein Holzbrett. Wenn du möchtest, kannst du ihn mit einer Reißzwecke fixieren.

Jetzt schlägst du rund um die Papierform herum in regelmäßigen Abständen Nägel ins Holz. Wenn du zum ersten Mal mit Hammer und Nägeln arbeitest, lasse dir dabei von einem Erwachsenen helfen.

4 Für den Tannenbaum brauchst du keine Vorlage. Du hämmerst die Nägel einfach in zwei unregelmäßigen schrägen Linien ins Holz, die sich oben treffen. Über der Spitze kannst du noch fünf Nägel in einem möglichst regelmäßigen Fünfeck einschlagen, um daraus später einen kleinen Stern zu formen.

5 Schneide einen langen Wollfaden ab und knote ihn an einem Nagel fest. Nun spannst du den Faden quer durch das innere deiner Figur zu einem anderen Nagel. Wickle die Wolle einmal um den Nagel und führe sie zum nächsten Nagel weiter. Wenn du möchtest, kannst du verschiedene Farben benutzen.

6 Spanne so lange Fäden kreuz und quer durch deine Form, bis sie ausgefüllt ist. Dann knotest du das Ende wieder um einen Nagel fest.

10

WEIHNACHTSSCHMUCK AUS BÜGELPERLEN

Heute möchte Tomte etwas ganz Buntes basteln. Schnell holt er die Schachtel mit den Bügelperlen aus dem Schrank und setzt sich an den Küchentisch. Er hat eine Herzform, einen Stern und ein Viereck. Alles langweilig, findet Tomte. Viel lieber möchte der kleine Wichtel etwas Neues gestalten, und er hat sogar gleich zwei gute Einfälle, um mit seinen Bügelperlen bunten Weihnachtsschmuck zu basteln.

SCHNEEFLOCKE UND WEIHNACHTSBAUM

Was du brauchst

- neutrale Bügelperlenform (Weihnachtsbaum) oder Sternform (Schneeflocke)
- Bügelperlen
- Bügeleisen und Backpapier

Tomte erklärt dir, wie es geht

1 Für die Schneeflocke benutzt du am besten eine Sternform. Lege mit weißen Bügelperlen ein Kreuz in alle Zacken des Sterns. Verziere die Grundform der Flocke mit Schneekristallen, indem du weitere Perlen danebensteckst.

2 Den Weihnachtsbaum kannst du auf einer viereckigen Platte gestalten. Aus braunen Perlen legst du den Stamm, aus grünen Perlen den Baum. Verziere deinen Tannenbaum mit einigen bunten Perlen.

3 Lege Backpapier auf deine fertigen Figuren und bügle sie vorsichtig. Lasse dir dabei von einem Erwachsenen helfen. Achte darauf, das Bügeleisen nicht zu schräg zu halten, um die leeren Kunststoffstifte der Platte nicht zu schmelzen.

BUNTE BÜGELPERLEN-PLÄTZCHEN

Was du brauchst

- bunte Bügelperlen
- Ausstechformen aus Metall
- Backblech mit Backpapier
- scharfes Messer

Tipp

Wenn du möchtest, kannst du mit Nadel und Faden Aufhänger an deinem Bügelperlen-Weihnachtsschmuck befestigen.

Tomte erklärt dir, wie es geht

1 Lege die Ausstechformen auf ein mit Backpapier ausgelegtes Backblech.

2 Wähle deine Lieblingsfarben und streue Bügelperlen in die Förmchen. Du kannst eine oder mehrere Farben pro Form wählen.

3 Schiebe das Blech bei ca. 150 Grad Ober- und Unterhitze ohne Vorheizen in den Backofen, bis die Perlen geschmolzen sind. Das dauert etwa 10 bis 20 Minuten.

4 Wenn die Formen abgekühlt sind, kannst du die fertigen Bügelperlen-Plätzchen zusammen mit einem Erwachsenen vorsichtig mit dem Messer aus den Ausstechformen lösen.

11

VÖGEL FÜTTERN

Wenn es draußen richtig kalt wird und die Erde vom Schnee bedeckt ist, finden Vögel nur noch wenig Futter. Tomte sieht manchmal eine kleine Amsel draußen im Baum vor dem Fenster sitzen. Sie gehört zu den Vögeln, die im Winter nicht in den Süden fliegen, sondern hier bei uns bleiben. Letztes Jahr hat Oma Hedda Tomte erklärt, dass wir in der Adventszeit vor allem an diejenigen denken möchten, die weniger haben als wir. Das fand Tomte eine schöne Idee und sie haben gemeinsam einige von Tomtes Sachen an Kinder weitergegeben, die es nicht so gut haben wie er. Dieses Jahr möchte Tomte auch den kleinen Vögeln etwas Gutes tun, die draußen kaum mehr etwas zu fressen finden.

ERDNUSS-RING

Was du brauchst

- Erdnüsse mit Schale
- 40 cm Basteldraht
- 1 dicke Nadel

Tomte erklärt dir, wie es geht

1 Zuerst stichst du mit der Nadel vorsichtig ein Loch durch die Erdnussschalen. Bei den meisten Nüssen geht das am besten in der Mitte, wo die Schale etwas schmaler ist.

2 Hast du alle Erdnüsse so vorbereitet, fädelst du sie vorsichtig auf den Basteldraht auf. Biege das hintere Ende des Drahts vorher um, damit die Nüsse nicht wieder herunterrutschen können.

3 Hast du genügend Erdnüsse aufgefädelt, formst du den Draht zu einem Ring und drehst beide Enden fest zusammen. Biege die Drahtenden zu einem Aufhänger zurecht.

4 Wenn du möchtest, kannst du oben noch eine Schleife aus einem alten Geschenkband oder Stoffrest anbringen.

5 Den fertigen Ring hängst du am besten in einen Baum vor dem Fenster, sodass du die Vögel beim Aufpicken der Erdnüsse gut beobachten kannst.

SCHNELLE VOGELFUTTER-ROLLE

Was du brauchst

- 1 leere Toilettenpapierrolle
- 1 Stück Draht und 1 spitze Schere
- Erdnussbutter ohne Salz und 1 Buttermesser
- 1 kleinen Ast
- Vogelfutter oder Haferflocken und Kerne

Tomte erklärt dir, wie es geht

1 Stich mit der spitzen Schere am oberen Ende links und rechts je ein kleines Loch in die Toilettenpapierrolle. Durch die Löcher fädelst du später den Draht zum Aufhängen.

2 Als Nächstes stichst du im unteren Drittel der Rolle vorn und hinten zwei etwas größere Löcher hinein, durch die du später deinen Ast durchstecken kannst. Probiere ruhig gleich aus, ob er durchpasst. Zu groß sollten die Löcher aber auch nicht werden, damit der Stock später nicht zu sehr wackelt.

3 Ist deine Rolle so vorbereitet, streichst du sie mit dem Buttermesser rundum mit Erdnussbutter ein. Bitte achte darauf, dass sie kein Salz enthält, das wäre für die Vögel schädlich.

4 Jetzt schüttest du etwas Vogelfutter auf einen flachen Teller und wälzt die Rolle darin, sodass die Körner rundum kleben bleiben. Vielleicht musst du an manchen Stellen mit den Fingern etwas nachhelfen.

5 Zum Schluss steckst du den Ast als Sitzstange für die Vögel durch die vorbereiteten Löcher und befestigst oben einen Draht zum Aufhängen an deiner Futterrolle.

12

WICHTELSPIEL

Im Advent versucht die Wichtelfamilie besonders viel Zeit zusammen zu verbringen. Da wird gemeinsam gebacken, gebastelt und gespielt. Heute darf auch Tomtes Freundin Tabea dabei sein. Ihre Eltern sind heute Vormittag ins Geburtshaus gefahren, weil Tabeas kleiner Bruder auf die Welt kommt. Deshalb darf Tabea den ganzen Tag bei Tomtes Familie bleiben. Sie darf sogar in seinem Kinderzimmer übernachten! Gemeinsam haben die beiden die tollsten Spielideen. Heute möchten sie ein eigenes Spiel basteln. Hast du auch Lust?

Was du brauchst

- festes weißes Papier oder dünnen Bastelkarton
- Bleistift
- 2 Gläser als Schablonen (1 kleines und 1 etwas größeres)
- Schere
- bunte Stifte
- Lineal
- Klebstoff
- 1 Farbwürfel (Vielleicht kannst du den Würfel aus einem anderen Spiel benutzen? Andernfalls kannst du einen normalen Würfel nehmen und kleine Farbpunkte daraufkleben.)
- je 1 kleines Stück Tonpapier in 5 deiner 6 Würfelfarben

Tomte erklärt dir, wie es geht

1 Als Erstes zeichnest du mit einem Bleistift mithilfe des kleinen Glases 20 gleich große Kreise auf das weiße Papier auf und schneidest sie aus.

2 Male auf jeden Kreis ein kleines (weihnachtliches) Bild oder Symbol. Zum Beispiel eine Kerze, einen Tannenbaum, einen Stern, einen Schneemann, einen Engel, einen Nikolaus, eine Glocke, ein Herz, eine Schneeflocke, eine Mütze ...

3 Mit dem größeren Glas zeichnest du auf Bastelkarton in fünf Farben deines Farbwürfels je einen Kreis und schneidest sie ebenfalls aus.

4 Schneide in jeder Farbe zusätzlich einen Tonpapierstreifen von 1 cm x 10 cm aus.

5 Knicke die Papierstreifen jeweils einmal in der Mitte und zwei weitere Male so, dass du daraus ein Dreieck formen kannst, bei welchem eine Seite überlappt.

6 Klebe das Dreieck mit der überlappenden Seite nach unten auf dem passenden bunten Kreis fest.

Und so spielt ihr das Wichtelspiel

Legt alle weißen Kreise offen auf dem Tisch aus, sodass ihr die Bilder sehen könnt. Nun verdeckt ihr fünf der Bilder jeweils mit einem bunten „Deckel". Der oder die Spieler*in, die als Nächstes ein Geschwisterchen erwartet, darf anfangen zu würfeln. Wer gewürfelt hat, muss erraten, welches Bild sich unter dem Deckel der gewürfelten Farbe verbirgt. Ist die Antwort richtig, darf das Kärtchen behalten werden und ein anderes offenes Kärtchen wird unter dem farbigen Deckel verborgen. Ist die Antwort falsch, wird das Kärtchen wieder zugedeckt. Die sechste Farbe des Würfels (zu welcher es keinen Deckel gibt) ist der Joker. Wer diese Farbe würfelt, darf das Bild unter einem Farbdeckel seiner Wahl erraten. Wer sich besonders aufmerksam die zugedeckten Bilder merkt, kann die meisten Kärtchen sammeln und gewinnt am Ende das Wichtelspiel.

13

POMPON-SCHNEEMANN

Gehst du auch so gern Schlittenfahren wie Tomte? Der kleine Wichtel liebt den Schnee über alles. Sobald die Welt von einer weißen, weichen Schicht bedeckt ist, baut Tomte mit seinen Wichtelfreunden Schneemänner und Iglus. Einmal haben sie sogar eine kleine Stadt aus Schnee gebaut – mit Bahnhof und einem Schneezug! Leider liegt bei uns im Dezember oft nicht so viel Schnee, wie in Tomtes Heimat im Norden. Deshalb zeigt Tomte dir heute, wie du einen puscheligen Schneemann aus Wolle basteln kannst.

Was du brauchst

- festen, weißen Karton
- Bleistift
- 2 unterschiedlich große Gläser
- spitze Schere
- 1 Stück schwarzes Tonpapier
- möglichst dicke weiße Wolle
- Klebstoff
- Rest orangenes Tonpapier (oder einen orangenen Stift)
- Vorlage Zylinderhut (S. 87)

Tomte erklärt dir, wie es geht

1 Zuerst schneidest du aus dem weißen Karton zwei genau gleiche Schneemänner aus. Zum Vorzeichnen benutzt du am besten zwei verschieden große Gläser und einen Bleistift.

2 Aus dem schwarzen Tonpapier schneidest du mithilfe der Vorlage zwei Zylinderhüte aus.

3 Nun schneidest du in die Mitte der größeren Kugel beider Schneemänner je ein rundes Loch. Es soll etwa ein Drittel so groß sein, wie die Kugel selbst. Beim Vorzeichnen kannst du eine Münze zu Hilfe nehmen. Die große Kugel des Schneemanns sieht jetzt aus wie ein Ring.

4 Lege die Schneemänner genau aufeinander. Schneide ein langes Stück von der weißen Wolle ab und wickle es um die beiden Ringe, indem du die Schnur immer wieder durch das Loch in der Mitte fädelst. Damit du den Anfang des Wollfadens nicht festhalten musst, wickelst du einfach ein paarmal darüber. Wickle so viele Schnüre rund um den Ring, bis das Loch in der Mitte so klein geworden ist, dass du die Wolle nicht mehr mit den Fingern hindurchfädeln kannst.

5 Jetzt stichst du mit einer Spitze der Schere vorsichtig in den umwickelten Ring, bis sie zwischen den beiden Kartonschichten des Schneemanns steckt. Von hier aus schneidest du die Wollschichten rund um den Ring herum vorsichtig auf. Achte darauf, dass die abgeschnittenen Wollfäden dabei nicht herausrutschen.

6 Schneide ein etwa 50 cm langes Stück Schnur ab. Lege es zwischen beide Kartonteile rund um das Loch und knote es dort fest zusammen, wo der Kopf des Schneemanns auf dem Körper sitzt. Durch das Zusammenknoten formen sich die abgeschnittenen Wollstücke zu einer Kugel.

7 Klebe die beiden Zylinder von vorn und hinten auf den Schneemannkopf, sodass die langen Schnurenden dazwischen liegen. Verknote sie oben zu einem Aufhänger.

8 Aus schwarzem Tonpapier kannst du jetzt noch Steine für Mund und Augen ausschneiden und aufkleben. Aus orangenem Tonpapier entsteht die Karotte für die Schneemann-Nase. Du kannst das Gesicht aber auch einfach aufmalen.

14

WINTERBASTELN MIT TOILETTENPAPIERROLLEN

„Mama, wie kommt eigentlich das Klopapier auf die Rolle?", ruft Tomte laut, während er auf der Toilette sitzt. Solche Fragen kann auch nur ein kleiner Wichtel stellen, denkt Mama. Aber dann erklärt sie ihm, dass Toilettenpapier aus Holzfasern oder Altpapier hergestellt wird. Die Fasern werden mit viel Wasser gemischt und dann zwischen zwei Sieben gepresst. Das so entstandene dünne, weiche Papier wird auf eine gaaaaanz lange Papprolle gewickelt. Die wird später mit einem sehr scharfen Messer in mehrere Klopapierrollen zerschnitten. „Wow", sagt Tomte. „So eine lange Papprolle hätte ich gern als Tunnel für meine Spielautos!" Aber er hat auch gute Ideen, was man aus unseren kurzen Toilettenpapierrollen basteln kann:

SCHNEEMANN

Was du brauchst

- 1 leere Toilettenpapierrolle
- weiße Fingerfarbe
- Schere
- 1 Stück Pfeifenputzer und 2 Pompons
- Alleskleber
- 1 schmalen Streifen Stoffrest und 3 Knöpfe
- schwarzen Stift
- orangenen Filz oder Karton für die Nase

Tomte erklärt dir, wie es geht

1 Male die leere Toilettenpapierrolle mit Fingerfarbe rundum weiß an und lasse sie trocken.

2 Schneide ein kurzes Stück vom Pfeifenputzer ab und biege es zu einem halbrunden Bogen. Klebe dann jeweils einen Pompom an die Enden des Pfeifenputzers. Fertig sind die Ohrenwärmer für den Schneemann!

3 Wenn alles getrocknet ist, klebst du die Ohrenschützer oben an der Toilettenpapierrolle fest.

4 Wickle in der Mitte der Toilettenpapierrolle den Stoffstreifen als Schal um deinen Schneemann und knote ihn fest. Klebe die drei Knöpfe vorn auf den Bauch des Papprollen-Schneemanns.

5 Anschließend malst du deinem Schneemann mit einem schwarzen Stift Augen und einen Mund. Als Letztes schneidest du aus Karton oder Filz eine kleine dreieckige Karottennase aus und klebst sie dem Schneemann ins Gesicht.

RENTIER

Was du brauchst

- 1 leere Toilettenpapierrolle
- braune Fingerfarbe
- 2 kleine Äste und Klebeband
- weißes Papier, schwarzen Stift
- 1 roten Pompon
- Schere und Klebstoff

Tomte erklärt dir, wie es geht

1 Male die Toilettenpapierrolle mit Fingerfarbe rundum braun an und lasse sie trocken.

2 Klebe die beiden kleinen Äste von innen mit Klebeband in der Rolle fest, sodass sie oben wie ein Geweih herausschauen.

3 Schneide Augen aus weißem Papier aus und male mit dem schwarzen Stift Pupillen hinein. Dann klebst du Augen und die rote Pomponnase auf.

EULE

Was du brauchst

- 1 leere Toilettenpapierrolle
- Fingerfarbe in deiner Lieblingsfarbe
- Tonpapierreste in einer anderen Farbe
- Schere
- Klebstoff
- weißes Papier und schwarzen Stift
- gelbes oder orangenes Papier

Tomte erklärt dir, wie es geht

1 Male die Toilettenpapierrolle mit Fingerfarbe rundum in deiner Lieblingsfarbe an und lasse sie trocken.

2 Drücke die Toilettenpapierrolle oben und unten an den Rändern ein.

3 Schneide zwei Flügel und viele Federn aus buntem Tonpapier aus. Verwende dafür die Vorlagen auf S. 87.

4 Beginne unten auf der Toilettenpapierrolle mit der untersten Federreihe und klebe vier Tonpapier-Federn nebeneinander auf den Eulenbauch. In die Reihe darüber klebst du fünf Federn, in die oberste Reihe wieder vier.

5 Klebe die Flügel an beiden Seiten an.

6 Schneide aus dem weißen Papier zwei Augen aus und male mit dem schwarzen Stift große Pupillen hinein. Aus dem gelben oder orangenen Papier schneidest du einen dreieckigen Schnabel aus. Zum Schluss klebst du Augen und Schnabel auf den Eulenkopf.

Frohe
weihnachten

15

BUNTE WEIHNACHTSKARTEN

Tomtes Wichteloma wohnt hoch oben im Norden, dort wo im Winter ganz viel Schnee liegt. Sie ist schon 253 Wichteljahre alt und Reisen ist inzwischen sehr anstrengend für sie. Deshalb kommt sie Tomte dieses Weihnachten leider nicht besuchen. Tomte und seine Omi Hedda sind darüber sehr traurig. Um seiner Wichteloma eine Freude zu machen, beschließt Tomte, ihr eine selbst gebastelte Weihnachtskarte zu schicken. Onkel Birger würde sich sicher auch über eine Karte freuen. Und die nette Erzieherin im Wichtelkindergarten. Puh, da muss Tomte aber ganz schön viele Karten basteln. Am besten lauter verschiedene! Sofort macht Tomte sich an die Arbeit.

WICHTELKARTE KERZEN

Was du brauchst

- 1 rechteckiges Stück bunten Bastelkarton (etwa DIN A5)
- verschiedenes buntes Washi Tape / Masking Tape
- gelben und schwarzen Filzstift

Tomte erklärt dir, wie es geht

1 Falte den Bastelkarton in der Mitte, sodass eine Klappkarte entsteht.

2 Reiße von den Washi Tape-Rollen verschieden lange Streifen ab. Klebe sie eng nebeneinander auf die Karte. Das sind deine Kerzen. Die Endstücke kannst du am Rand der Karte einfach nach innen umfalten und festkleben.

3 Zeichne mit einem schwarzen Filzstift auf jede Kerze einen kurzen Docht. Male mit gelbem Filzstift auf jeden Docht eine Flamme.

WICHTELKARTE CHRISTBAUMKUGELN

Was du brauchst

- 1 rechteckiges Stück bunten Bastelkarton (etwa DIN A5)
- verschiedene Knöpfe
- Klebstoff
- schwarzer Faserschreiber

Tomte erklärt dir, wie es geht

1 Falte den Bastelkarton in der Mitte, sodass eine Klappkarte entsteht.

2 Lege die Karte quer vor dich und klebe die Knöpfe gut verteilt auf der Karte fest.

3 Von der Faltkante der Karte aus zeichnest du mit einem schwarzen Filzstift je eine gerade Linie zu jedem Knopf. Das sind die Schnüre, an denen deine Christbaumkugeln aufgehängt sind. Zum Schluss zeichnest du über jede Kugel noch eine kleine schwarze Schleife.

WICHTELKARTE WEIHNACHTSBAUM

Was du brauchst

- 1 rechteckiges Stück bunten Bastelkarton (etwa DIN A5)
- Nadel, grünen Faden
- kleine Perlen

Tomte erklärt dir, wie es geht

1 Falte den Bastelkarton in der Mitte, sodass eine Klappkarte entsteht.

2 Stich zunächst mit der Nadel in gleichmäßigen Abständen die Löcher für den Umriss des Baumes vorn auf der Karte vor. Das sind einfach zwei gerade Linien, die sich oben an der Spitze treffen.

3 Fädle nun den grünen Faden in die Nadel und stich von innen nach außen durch das oberste Loch an der Spitze des Baums. Verknote den Faden im Inneren der Karte, sodass er nicht durch das Loch rutschen kann.

4 Fädle eine kleine Perle auf und stich mit der Nadel durch dasselbe Loch wieder zurück.

5 Nun stichst du wieder von innen durch das nächste tieferliegende Loch. Auf der Außenseite der Karte fädelst du eine Perle auf und stichst durch das gegenüberliegende Loch wieder nach innen.

6 Je größer die Abstände zwischen den Löchern werden, desto mehr Perlen kannst du auffädeln. Nach der untersten Linie verknotest du den Faden wieder innen in der Karte.

16

PLÄTZCHENSCHALE

Mmh, Weihnachtsplätzchen! Am besten schmecken sie selbstgebacken, findet Tomte. Ein paar von den leckeren Streichholzkeksen, die Tomte und seine Wichtelmama neulich zusammen gebacken haben, sind noch übrig. Die möchte er heute seiner Freundin Tabea mitbringen. Gemeinsam mit Mama und Papa darf er nämlich Tabeas neugeborenes Brüderlein begrüßen gehen. Aber wo soll Tomte die Kekse für Tabea hineintun? Die Plätzchendose ist bereits mit seinen eigenen Keksen belegt. Also macht sich Tomte ans Werk, um eine hübsche Plätzchenschale für Tabea zu basteln.

Was du brauchst

- 1 Pappteller (oder 1 rundes Stück Bastelkarton)
- 1 große Tasse und 1 Bleistift
- Schere
- bunte Wollreste

Tomte erklärt dir, wie es geht

1 Drehe den Pappteller um, sodass die Unterseite nach oben zeigt. Nun stellst du die große Tasse in die Mitte darauf und zeichnest mit Bleistift einen Kreis auf. Er sollte etwa halb so groß im Durchmesser sein wie der Pappteller.

2 Nun machst du vom Rand des Tellers aus in gleichmäßigen Abständen neun Einschnitte, die jeweils bis zu deinem vorgezeichneten Kreis reichen. Beim Pappteller kannst du dazu die eingestanzten Striche am Rand zum Abzählen nutzen.

3 Schneide 0,5 cm links und rechts von jedem Einschnitt bis zur Spitze des Einschnitts, sodass jeweils ein kleines Dreieck herausfällt. Der Teller sieht nun aus wie ein Windrad oder eine Sonne mit breiten Strahlen.

4 Knicke alle Strahlen einmal zur Innenseite des Tellers um, sodass sie leicht nach oben stehen.

5 Beginnend vom Inneren des Kreises webst du nun einen Wollrest einmal rundum durch die „Strahlen" und knotest ihn nach einer Runde zusammen. Webe mit dem Wollrest immer weiter rundherum um den Teller, bis der Wollrest zu Ende ist oder du die Farbe wechseln möchtest.

6 Knote den nächsten Wollrest am Ende des ersten fest und webe weiter. Das machst du so lange, bis nur noch der Tellerrand übersteht.

7 Zum Schluss verknotest oder vernähst du das letzte Wollende gründlich. Nun ist deine Plätzchenschale bereit für ihren leckeren Inhalt.

17

WICHTELLICHTER

Advent ist die Zeit der Lichter. Wenn Tomte nachmittags mit Mama vom Einkaufen nach Hause läuft, bewundert er immer die vielen Kerzen, die in den Fenstern der Häuser in ihrer Straße stehen. Nur in Tomtes Haus brennen keine Lichter hinter den Fenstern. Bis jetzt! Heute möchte Tomte Wichtellichter basteln, um sie auf die Fensterbank zu stellen. Er freut sich schon darauf, wenn es abends in den Fenstern seines Hauses auch so schön leuchtet!

Was du brauchst

- leere Gläser, z.B. von Senf, Marmelade oder sauren Gurken
- Fingerfarbe
- 1 großen Teller oder mehrere Deckel leerer Schraubgläser
- zum Tupfen entweder:
  - kleine Pompons und Wäscheklammern oder
  - Korken oder Stempel, Küchengummis und Luftpolsterfolie
  - Teelichter

Tomte erklärt dir, wie es geht

1 Gib kleine Häufchen Fingerfarbe auf einen Teller oder mehrere Deckel von leeren Schraubgläsern.

2 Am besten bastelst du dir für jede Farbe einen „Stempel". Für das rot-gelbe Wichtellicht hat Tomte Luftpolsterfolie um echte Stempel gewickelt. Mit einem Küchengummi hat er die Folie am Stempel fixiert.

3 Für das blau-grüne Windlicht benutzt Tomte kleine Bastel-Pompons. An jeden Pompon hat er eine Wäscheklammer geklemmt, damit er es besser festhalten kann.

4 Tauche einen „Stempel" in ein Farbhäufchen und stemple rund um dein Glas herum viele Punkte auf. Anschließend machst du dasselbe mit der nächsten Farbe.

5 Wähle so viele Farben wie du möchtest, bis dein Glas ganz bunt ist. Nun musst du die Farbe trocknen lassen.

6 Stelle ein Teelicht ins Glas und ab damit auf die Fensterbank! Übrigens: Du kannst dein Wichtellicht innen oder außen an einem vor Regen geschützten Ort aufstellen.

18

CHRISTBAUM-ANHÄNGER

Jetzt dauert es nicht mehr lange. Nur noch sechs Tage bis Heiligabend! Tomte ist schon sehr aufgeregt. Er darf dieses Jahr zum ersten Mal mit Papa den Weihnachtsbaum schmücken. Es soll ein richtiger Wichtelbaum werden! Dafür möchte Tomte gern ein paar Christbaumanhänger basteln. Nur woraus? Tante Milla schenkt ihm einige Filzreste, von Mama bekommt er Holzperlen. Papa sitzt am Schreibtisch und gibt ihm ein paar Büroklammern. Oje, wie soll Tomte denn daraus Weihnachtsbaumschmuck basteln? In seiner Schatzkiste findet er noch ein paar hübsche Geschenkbänder von seinem letzten Geburtstag. Und eine leere Toilettenpapierrolle nimmt er auch noch mit. Dann macht Tomte sich an die Arbeit.

SCHLITTSCHUH-ANHÄNGER

Was du brauchst

- 1 Stück Karton oder Papier
- Bleistift und Schere
- Filzreste und Filzstift
- Garn und passende Nadel
- Büroklammern
- Vorlage Schuh (S. 87)

Tomte erklärt dir, wie es geht

1 Zeichne mit Bleistift eine Schablone für den Schuh auf Karton oder Papier auf und schneide sie aus. Du kannst dazu die Vorlage von S. 87 nutzen, wenn du möchtest.

2 Falte einen Filzrest einmal und lege deine Schablone so darauf, dass die Schuhsohle an der Faltkante liegt. Zeichne den Schuh mit Filzstift auf den Filz auf.

3 Schneide den Schuh so aus, dass die Faltkante erhalten bleibt (nicht durchschneiden). Du hast jetzt einen doppelten Schuh, den du auf- und zuklappen kannst.

4 „Nähe" Vorder- und Rückseite des Schuhs mit dem Garn so zusammen, dass es aussieht, wie ein Schnürsenkel. Du beginnst damit am besten in der Ecke, wo Schaft und Spann des Schuhs aufeinandertreffen. Ein Erwachsener kann dir sicher dabei helfen.

5 Nähe zunächst mit einem Fadenende bis zur Oberseite des Schuhs, indem du jeweils ein kleines Stück höher immer wieder von vorn in beide Filzteile einstichst.

6 Mit dem zweiten Fadenende machst du das Gleiche von hinten. Wenn du dabei dieselben Löcher nutzt, überkreuzen sich beide Schnürsenkel jeweils. Binde oben eine kleine Schleife oder nutze die Schnürbänder direkt als Aufhänger.

7 Zuletzt schiebst du für die Kufen eine Büroklammer mit der offenen Seite unten in die Schuhsohle.

BUNTE RINGE

Was du brauchst

- 1 leere Toilettenpapierrolle
- buntes Papier, Schere und Klebstoff
- Geschenkbänder und 1 Nadel mit großem Nadelöhr
- Perlen mit großem Loch

Tomte erklärt dir, wie es geht

1 Zuerst schneidest du eine Toilettenpapierrolle in drei Stücke.

2 Schneide bunte Papierstreifen aus und beklebe die Ringe damit. Du kannst dafür zum Beispiel Reste von altem Geschenkpapier benutzen.

3 Schneide etwa 30 cm Geschenkband ab, falte es in der Mitte und fädle beide Enden durch das Nadelöhr. Jetzt stichst du mit der Nadel vorsichtig von außen nach innen durch einen Ring und ziehst das Band etwas durch das Loch. Am besten steckst du vorher einen Finger in die Schlaufe des Geschenkbands, sodass es nicht ganz durch das Loch rutschen kann.

4 Fädle die Enden des Geschenkbandes nun noch durch zwei Perlen (der Finger bleibt in der Schlaufe!).

5 Jetzt kannst du die Nadel vom Band entfernen und die beiden Ende verknoten. Ziehe an der Schlaufe, bis der Knoten die Perlen am Ring festzieht. Fertig ist dein erster Christbaumring!

19

WEIHNACHTS-SCHOKOLADE

Warum ist Schokolade eigentlich meistens einfach nur braun? Wie kann etwas, das so lecker schmeckt, so langweilig aussehen? Das muss Tomte ändern! Heute möchte der kleine Wichtel selbst Weihnachtsschokolade machen. Hast du auch Lust auf bunte Schokolade mit Sternchen, Zuckerperlen und Weihnachsstreuseln? Mhhhh ...

Was du brauchst

- je 1 Tafel weiße, Milch- und dunkle Schokolade
- 1 wiederverwendbare Backfolie oder 1 Blatt Backpapier
- 1 Backblech
- Topflappen! (evtl. eine/n erwachsene/n Helfer*in)
- 1 Zahnstocher
- weihnachtliche Streusel und Zuckerperlen
- 1 Messer

Tomte erklärt dir, wie es geht

1 Packe alle Schokoladentafeln aus und brich sie in der Mitte durch.

2 Lege die sechs halben Schokoladentafeln farblich durchmischt in einem Rechteck aus 2 x 3 Tafelhälften eng nebeneinander auf ein mit Backfolie oder Backpapier ausgelegtes Backblech und schiebe sie bei etwa 80 Grad Ober- und Unterhitze in den Backofen. Die Schokolade bleibt so lange im Backofen, bis sie ganz geschmolzen ist.

3 Dann nimmst du mit Topflappen das Blech aus dem Backofen (Achtung, es ist auch bei 80 Grad sehr heiß!). Mit dem Zahnstocher fährst du nun vorsichtig durch die geschmolzene Schokolade, sodass die unterschiedlichen Schokofarben sich etwas vermischen. Du kannst dabei hübsche Muster zeichnen, sodass deine Schokolade aussieht wie marmoriert.

4 Streue bunte Weihnachtsstreusel deiner Wahl über die geschmolzene Schokolade. Große Teile kannst du dabei leicht andrücken.

5 Nun musst du etwas Geduld haben, bis die Schokolade ganz getrocknet ist (am besten über Nacht). Anschließend kannst du sie in Stücke schneiden.

6 Die Schokostücke kannst du entweder in deine Plätzchenschale (siehe 16. Dezember) legen oder zum Verschenken in ein leeres Schraubglas füllen.

20

LICHTERHAUS

Erinnerst du dich daran, dass Tomte die beleuchteten Häuser in der Adventszeit so gut gefallen haben? Da seine kleine Schwester Finja abends, wenn es dunkel wird, selten draußen ist, möchte Tomte für Finja ein kleines Lichterhaus fürs Wohnzimmer basteln. Dafür braucht er zuerst einmal einen leeren Tetrapack – kein Problem für Tomte, er könnte einen ganzen Liter Saft auf einmal austrinken.

Was du brauchst

- 1 gut ausgespülten leeren Tetrapack von Milch oder Saft
- 1 spitze Schere oder 1 Cutter
- schwarze Fingerfarbe oder Acrylfarbe und Pinsel
- 1 weißen, silbernen oder goldenen Permanentmarker
- 1 Teelicht oder 1 kleine Kerze

Tomte erklärt dir, wie es geht

1 Zuerst schneidest du den Boden und die unteren 5 cm von deinem Tetrapack ab.

2 Nun schneidest du mit einer scharfen Schere oder einem Cutter Fenster und Türen hinein. Am besten lässt du eine Wand dabei ganz, damit dein Lichterhaus seine Stabilität nicht verliert.

3 Male dein Häuschen von außen komplett schwarz an und lasse es trocknen.

4 Ist die Farbe ganz getrocknet, kannst du Fenster und Türen mit hellem Permanentmarker umranden, Dachziegel aufmalen und dein Häuschen mit Schneeflocken oder Mustern verzieren.

5 Bitte einen Erwachsenen mit dir gemeinsam ein Teelicht anzuzünden und stellt das Häuschen darüber. Nun leuchtet es aus allen Fenstern und Türen weihnachtlich heraus. Die Silberfolie an der Innenseite des Tetrapacks schützt dein Häuschen vor der Flamme. Trotzdem solltest du das Lichterhaus nie ohne Hilfe von Erwachsenen anzünden und nicht unbeaufsichtigt lassen.

Tipp

Wenn das Lichterhaus im Kinderzimmer stehen soll, könnt ihr statt der echten Kerze ein LED-Teelicht hineinstellen. So kann es auch als Spielhäuschen für deine Spielfiguren oder als Nachtlicht dienen.

21

GESCHENKPAPIER SELBST MACHEN

Endlich hat Tomte alle seine Weihnachtsgeschenke beisammen. Für Mama, Papa und Oma hat er etwas Selbstgebasteltes. Und für seine kleine Schwester Finja hat er von seinem Taschengeld auf dem Weihnachtsmarkt ein Holz-Jojo gekauft. Er freut sich jetzt schon auf ihr Gesicht beim Auspacken! Aber damit die Geschenke ausgepackt werden können, muss Tomte sie erst einmal einpacken. Dafür möchte er heute Geschenkpapier selbst machen. Zum Glück hebt Mama immer das Packpapier auf mit dem die Pakete ausgepolstert sind, die der Postbote bringt.

WICHTELPAPIER GESTALTEN MIT STEMPELN

Was du brauchst

- altes Packpapier
- Fingerfarben
- mehrere kleine Schälchen oder Deckel leerer Gläser
- mehrere Korken

Tomte erklärt dir, wie es geht

1 Streiche das Packpapier glatt so gut es geht.

2 Fülle verschiedene Fingerfarben in kleine Schälchen oder in Deckel von leeren Marmeladengläsern.

3 Nutze für jede Farbe einen eigenen Korken. Wenn du nicht genügend Korken für alle deine Farben hast, kannst du einen Erwachsenen bitten, sie für dich mit einem scharfen Messer in zwei Teile zu schneiden.

4 Stemple bunte Muster oder Bilder auf das Packpapier und lasse es trocknen.

WICHTELPAPIER GESTALTEN MIT MOTIVSTANZERN

Was du brauchst

- altes Packpapier
- Motivstanzer z.B. Stern und Tannenbaum
- Reste von Geschenkpapier, Bastelpapier oder bunte Prospekte
- Klebestift

Tomte erklärt dir, wie es geht

1 Streiche das Packpapier glatt so gut es geht.

2 Stanze einige Formen aus buntem Papier aus.

3 Am besten packst du deine Geschenke zuerst in Packpapier ein, bevor du sie beklebst.

4 Beklebe dein Päckchen rundherum mit bunten Stanzformen. Wenn du möchtest, kannst du daraus ganze Bilder gestalten, wie zum Beispiel einen Tannenwald mit Sternen darüber.

22

STERNSCHNUPPEN-WURFBALL

Hast du schon einmal eine Sternschnuppe gesehen? Eine Sternschnuppe sieht aus wie ein Stern, der einfach vom Himmel fällt. Dabei hinterlässt er eine Lichtspur. Eigentlich sind Sternschnuppen gar keine Sterne, sondern nur kleine Steinbrocken, die von Sternen oder anderen Himmelskörpern abgebrochen sind. Wenn sie der Erde nahe genug kommen, verglühen sie beim Eintritt in die Atmosphäre. Dabei entsteht die Lichtspur, der sogenannte Schweif der Sternschnuppe. Um richtige Sternschnuppen zu sehen, muss man sehr lange aufbleiben und den Sternenhimmel betrachten. Leider darf Tomte nicht so lange aufbleiben. Bestimmt hast du es dir schon gedacht: Der kleine Wichtel bastelt sich einfach seine eigene Sternschnuppe. Und zwar eine zum Werfen!

Was du brauchst

- 1 alte (Kinder-)Socke
- Reis, Linsen, Hirse oder etwas Ähnliches, um den Wurfball zu füllen
- gelbes und orangenes Krepppapier
- Schere und langes Lineal
- 1 Haushaltsgummi
- Nadel und Faden
- glitzernde Pailletten oder anderes Dekomaterial zum Annähen oder Aufkleben

Tomte erklärt dir, wie es geht

1 Bestimmt hast du auch eine einzelne Socke, deren Partnersocke auf mysteriöse Weise verschwunden ist. Am besten eignen sich Kindersocken, weil sie nicht so groß sind.

2 Fülle die Socke mit Reis, Linsen oder Hirse so weit auf, dass sich vorne eine Kugel bildet.

3 Dann verdrehst du den Stoff der Socke und stülpst ihn über die gefüllte Kugel. Das machst du so oft, bis der ganze Stoff der Socke aufgebraucht ist.

4 Schneide aus dem Krepppapier in beiden Farben einige 30 cm lange Streifen ab. Nimm alle Krepppapierenden zusammen in die Hand und verzwirble sie miteinander.

5 Den Krepppapier-Schweif steckst du nun in das offene Ende des Strumpfes und verschließt es, indem du das Haushaltsgummi mehrfach darum schlingst.

6 Zuletzt darfst du deinen Wurfball verzieren. Nähe glitzernde Pailletten rund um die Kugel an. Wenn du deinen fertigen Wurfball später schleuderst, glitzern sie im Licht wie eine echte Sternschnuppe.

Tipp

Hast du keine Pailletten zum Annähen, kannst du auch Glitzersteine aufkleben oder den Stoff des Strumpfes mit Glitzerstiften bemalen.

23

LUSTIGE (FAMILIEN-) FOTOS

Weihnachten ist die Zeit für Familienfotos. Familie Wichtel schaut gern zusammen alte Fotos an und erinnert sich an all die schönen gemeinsamen Weihnachtsfeste. Aber Tomte mag es gar nicht, wenn er jedes Jahr fürs Weihnachtsfoto sein bestes Hemd anziehen muss und Tante Milla an seinem Kragen und an seinen Haaren herumzupft. Dieses Jahr soll es etwas andere Fotos geben, haben Tomte und seine kleine Schwester Finja beschlossen. Und dafür haben sie auch schon lustiges Zubehör vorbereitet:

Was du brauchst

- bunten Bastelkarton
- Bleistift
- Schere, Cutter und Klebstoff
- dünne Holzstäbchen von mindestens 20 cm Länge, z.B. Schaschlikspieße oder chinesische Essstäbchen. Habt ihr keine passenden Stäbchen zur Hand, könnt ihr auch dünne Zweige benutzen
- Vorlagen für Foto-Zubehör (S. 88–90).

Tomte erklärt dir, wie es geht

1 Ihr könnt verschiedenes Foto-Zubehör basteln. Tomte hat sich für eine Nikolausmütze, einen Nikolausbart und eine lustige Weihnachtsbaum-Brille entschieden.

2 Für die **Nikolausmütze** zeichnest du mithilfe der Vorlage eine große Zipfelmütze auf einen roten Bastelkarton auf und schneidest sie aus. Aus weißem Papier schneidest du einen Bommel und einen Fellrand aus, die du auf die Mütze klebst.

3 Den **Nikolausbart** zeichnest du auf weißen Bastelkarton auf und schneidest ihn aus.

4 Für die lustige **Weihnachtsbaum-Brille** schneidest du zunächst einen Tannenbaum aus grünem Bastelkarton aus. Du kannst dazu die Vorlage auf S. 88 verwenden. Mit einem Cutter oder einer spitzen Schere schneidest du zwei passende Augenlöcher heraus. Jetzt kannst du noch Kugeln oder anderen Christbaumschmuck aus bunten Papierresten ausschneiden und auf den Baum kleben.

5 Zum Schluss klebst du auf die Rückseite jedes Foto-Zubehörs seitlich ein Holzstäbchen fest.

Und so werden daraus lustige Familienfotos

Haltet euch die Foto-Utensilien mit den Stäbchen so vors Gesicht, dass ihr ausseht wie der Nikolaus oder als hätte jemand einen Weihnachtsbaum auf dem Kopf. Dann wird abwechselnd fotografiert. Natürlich dürft ihr dabei auch noch lustige Bewegungen machen oder Grimassen schneiden. Diese Familienfotos werden euch sicher noch lange in Erinnerung bleiben!

Du möchtest noch mehr Foto-Zubehör basteln?

Wenn jedes Familienmitglied auf dem Weihnachtsfoto ein Deko-Teil bekommen soll, musst du dir noch ein paar mehr lustige „Verkleidungen" ausdenken. Wie wäre es zum Beispiel mit einem kleinen Rentier-Geweih für Mama? Oder mit einem schwarzen Zylinder und einer Karottennase für Papa-Schneemann? Lustige Brillen kannst du auch in Form eines Lebkuchenmanns oder eines Geschenks basteln. Dir fallen bestimmt noch mehr Sachen ein ...

24

WICHTEL-FOTOHALTER

Die Weihnachtsfotos der Wichtelfamilie sind spitze geworden! Papa sieht mit dem Bart und der roten Zipfelmütze wirklich aus wie der Weihnachtsmann. Und Tante Milla erst mit der Weihnachtsbaumbrille ... Damit er die Fotos immer anschauen kann, möchte Tomte einen Fotohalter basteln. Er borgt sich Draht und eine kleine Holzscheibe aus Tante Millas Werkstatt. Dann kramt er aus seiner Bastelkiste einige Perlen heraus.

Was du brauchst

- 1 dünne Holzscheibe, 1 kleines Brett oder 1 flachen Stein
- stabilen Basteldraht, 1 Zange/Drahtschere und ein Maßband
  (Der Draht muss so fest sein, dass er senkrecht nach oben steht und du stabile Figuren daraus formen kannst. Trotzdem muss er sich gut biegen lassen. Am besten hierfür eignet sich Basteldraht aus Aluminium.)
- Hammer und Nagel, um Löcher im Holz „vorzubohren"
- Perlen, durch deren Öffnung der Basteldraht passt (Achtung, Aluminiumdraht ist relativ dick. Tomte hat große Holzperlen und Riesen-Bügelperlen von seiner kleinen Schwester für den Fotohalter benutzt.)

Tomte erklärt dir, wie es geht

1 Wenn du mit Holz arbeitest, brauchst du drei Stücke Draht von etwa 30–40 cm Länge. Soll dein Fotohalter auf einem Stein stehen, müssen deine Drähte jeweils etwa 60–70 cm lang sein. Zwei der Drahtenden formst du zu hübschen Deko-Elementen. Tomte hat ein Herz und einen Stern aus Draht gebogen. Du kannst aber auch einen Tannenbaum, den Anfangsbuchstaben deines Namens oder etwas anderes formen.

2 Den dritten Draht wickelst du zwei Mal um etwas stabiles Rundes, zum Beispiel einen Klebestift, um den Fotohalter zu formen.

3 Jetzt fädelst du auf die Enden aller drei Drähte bunte Perlen auf. Arbeitest du mit einem Brett oder einer Holzscheibe als Ständer musst du nur 1–2 cm Draht an jedem Ende übriglassen. Soll dein Fotohalter auf Stein stehen, lasse jeweils etwa 30 cm Draht übrig.

4 Für den Fotohalter auf Holz klopfst du mit einem passenden Nagel drei Löcher in dein Holz. Wenn du zum ersten Mal mit Hammer und Nagel arbeitest, lasse dir von einem Erwachsenen helfen. Dann ziehst du den Nagel wieder heraus und steckst die Drahtenden fest hinein. Gut aufpassen, dass die Perlen dabei nicht wieder vom Draht rutschen.

5 Ist dein Standfuß aus Stein, wickelst du die übrigen Drahtenden jeweils zwei Mal um den Stein, um sie zu fixieren.

6 Nun kannst du dein lustigstes Familienfoto zwischen die beiden Drahtkreise des Fotohalters stecken und ihn direkt unter dem Weihnachtsbaum aufstellen.

TOMTES ADVENTSZEIT

VORLAGEN

Eis (S. 10)

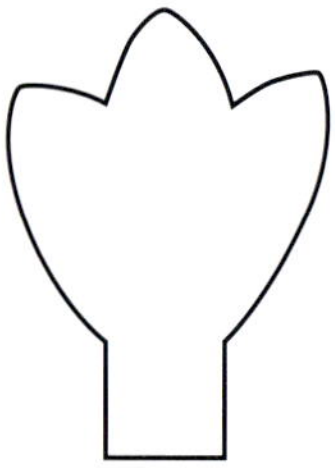

Pinguinfuß (S. 24)

Flamme (S. 16)

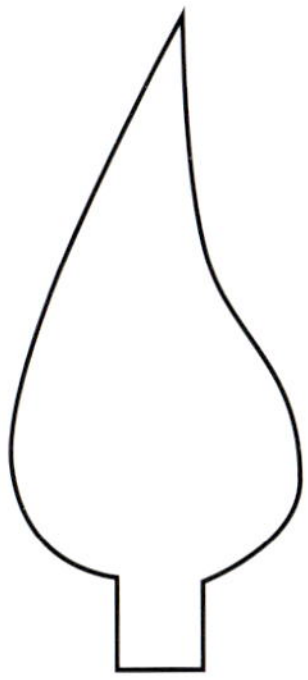

Sterne (S. 14 und 34)

Geschenkbox (S. 32)

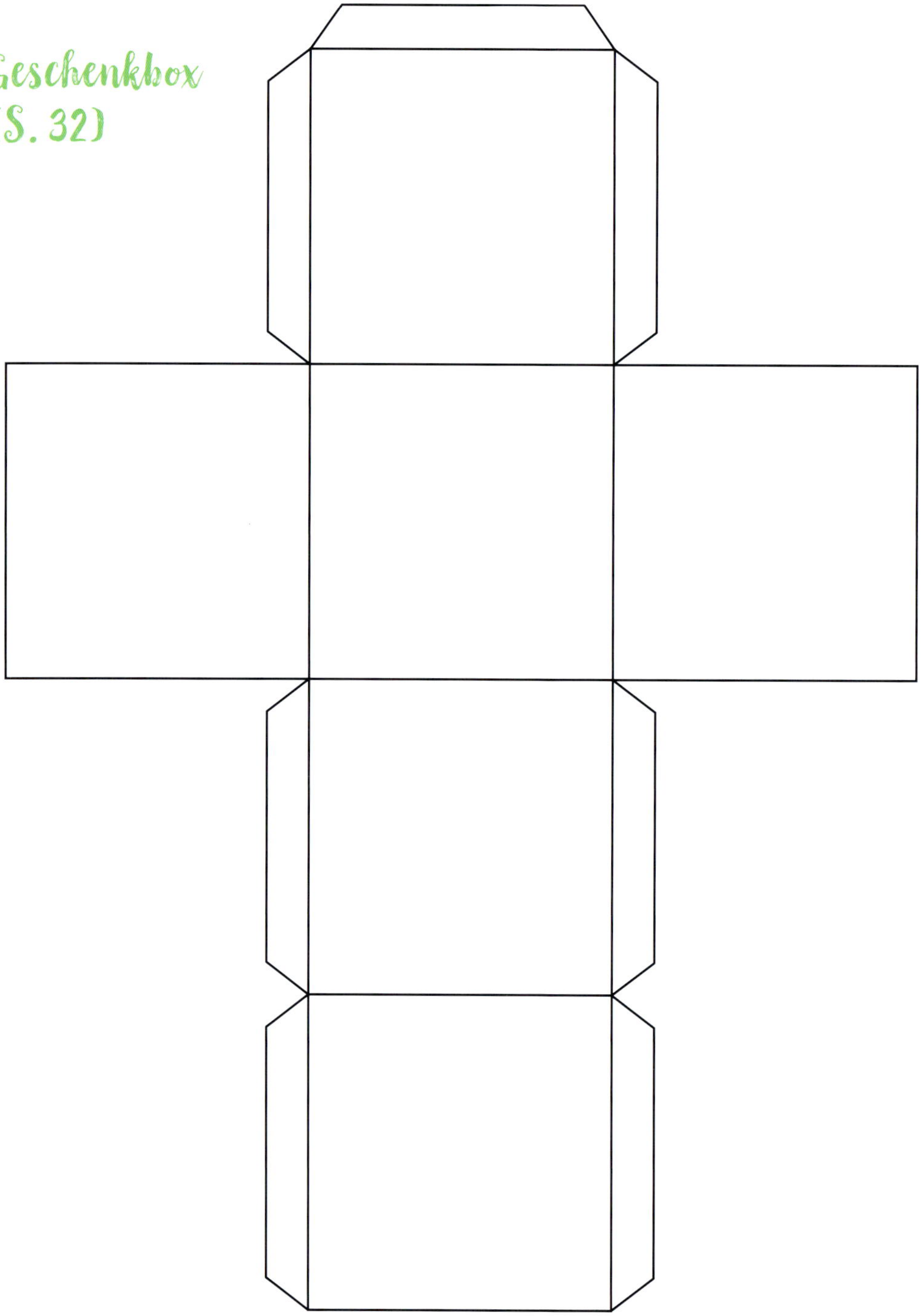

Eulenflügel- und federn (S. 53)

Zylinderhut (S. 48)

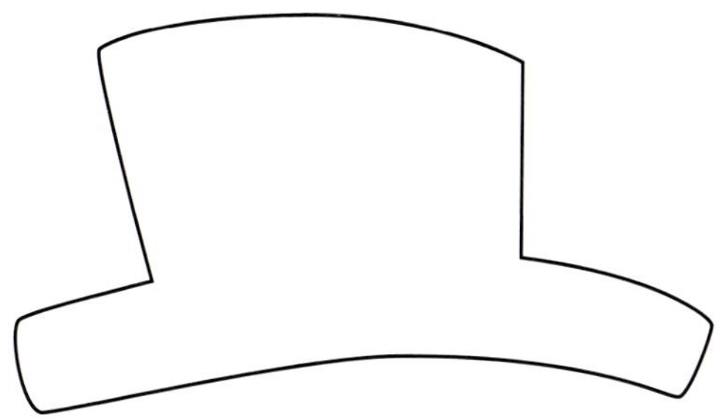

Nikolausschuh (S. 64)

Weihnachtsbaum-Brille (S. 78)

Nikolausmütze (S. 78)

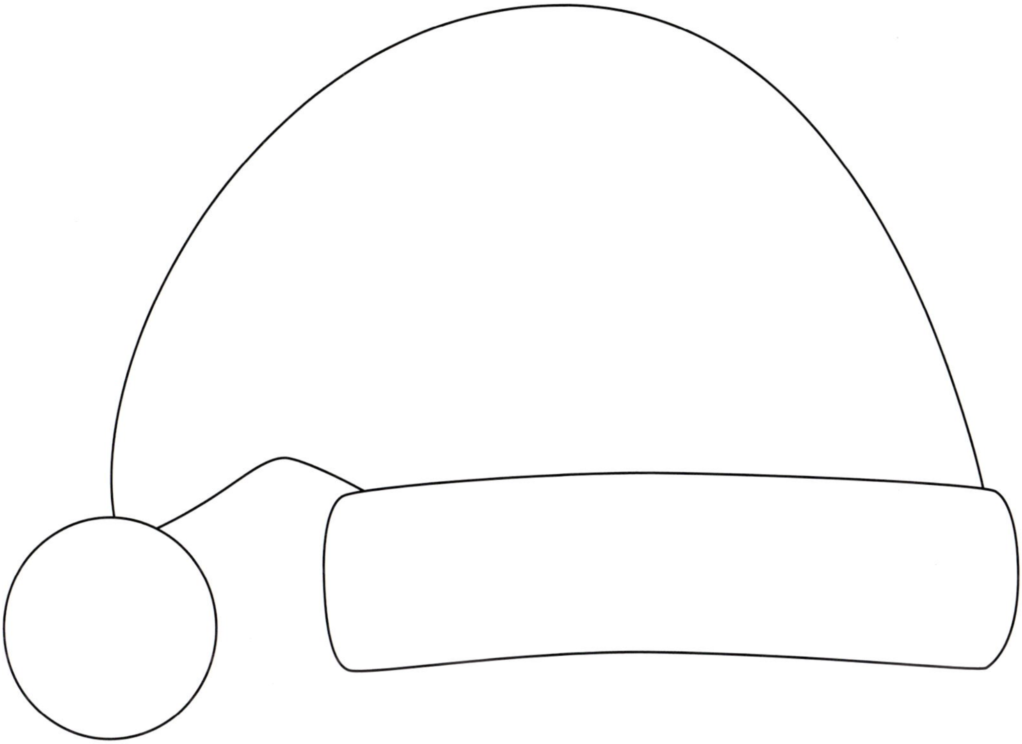

Nikolausbart (S. 78)

AUTORIN

Tatiana Morlock (geboren 1983) schreibt Erlebnisbücher für Kinder und Erwachsene. Ihre außergewöhnlichen Ideen sammelt sie bei kleineren und größeren Abenteuern mit ihrer Familie. Vor allem in der Adventszeit möchte die Diplom-Kulturwirtin gern Konsum durch mehr Kreativität ersetzen. Dieses Buch soll Kinder und Erwachsene zum Selbermachen anregen und ein besonderes Weihnachtsgefühl zu euch nach Hause bringen.

DANK

Die Begabung und Begeisterung fürs Basteln habe ich meiner Mutter Brigitte zu verdanken, die Leidenschaft fürs Schreiben meinem Vater Frank.

Heute bin ich dankbar und glücklich, dass meine Söhne Moritz und Oskar so gerne basteln und stets begeistert dabei sind, wenn es darum geht, Mamas neue Ideen auszuprobieren.

Mein größter Dank gilt aber meinem Mann Udo, der mich in allem unterstützt und es mir ermöglicht, neben Job und Familie auch noch meinen Traumberuf als Autorin auszuüben.

Ihr seid die beste Familie der Welt – ich danke euch von Herzen!

Tatiana

Frohe Weihnachten

wünscht dir dein Tomte!

IMPRESSUM

Autorin: Tatiana Morlock
Fotos: Corinna Brix
Illustrationen: Kristin Labuch
Autorenporträt: Elisa Mauruschat
Produktmanagement: Lena Denu
Lektorat: Elena Bruns
Layout: Silke Schüler
Umschlaggestaltung: Regina Degenkolbe
Repro: LUDWIG:media
Herstellung: Kathleen Baumann
Printed in Turkey by Elma Basim

★★★★★

Sind Sie mit diesem Titel zufrieden? Dann würden wir uns über Ihre Weiterempfehlung freuen. Erzählen Sie es im Freundeskreis, berichten Sie Ihrem Buchhändler oder bewerten Sie bei Onlinekauf. Und wenn Sie Kritik, Korrekturen, Aktualisierungen haben, freuen wir uns über Ihre Nachricht an: Christophorus Verlag, Postfach 40 02 09, D-80702 München oder per E-Mail an lektorat@verlagshaus.de

Unser komplettes Programm finden Sie unter

www.christophorus-verlag.de

Die Deutsche Nationalbibliothek verzeichnet diese Publikation in der Deutschen Nationalbibliografie; detaillierte bibliografische Daten sind im Internet über www.dnb.de abrufbar.

Bildnachweis:
Shutterstock: Kudryashka (Hintergrund)

ISBN 978-3-8411-0285-0

Kreativ-Service

Sie haben Fragen zu den Büchern und Materialien? Frau Erika Noll ist für Sie da und berät Sie rund um alle Kreativthemen. Rufen Sie an! Wir interessieren uns auch für Ihre eigenen Ideen und Anregungen. Sie erreichen Frau Noll per E-Mail: **kreativ-service@c-verlag.de** oder Tel.: **0049 - 89-1306 99-577.**

Besuchen Sie uns im Internet: **www.christophorus-verlag.de** & **www.selbstgemacht.de**

Ebenfalls erhältlich ...

ISBN 978-3-8411-0211-9

ISBN 978-3-8411-0271-3

ISBN 978-3-8411-0245-4

ISBN 978-3-8410-6637-4